AF611513

ŒUVRES PATRIOTIQUES

DE

VOLTAIRE,

Catherine la Grande et le Grand Frédéric,

SUIVIES

DES TROIS HÉROINES DE FRANCE.

Prix : 20 Cent.

Paris, — chez tous les libraires, — 1845.

PARIS. — Impr. de LACOUR et Comp.,
rue St-Hyacinthe-St-Michel, 33.

ŒUVRES PATRIOTIQUES

DE

VOLTAIRE.

La révolution a ouvert aux cendres de Voltaire les portes du Panthéon, sur le frontispice duquel on lit : *Aux grands hommes la Patrie reconnaissante !*

Aux personnes qui voudront connaître le grand citoyen du dix-huitième siècle, nous dirons, pour éclairer leur esprit et leur pensée, lisez et méditez les lignes suivantes, elles sont extraites de ses œuvres, elles vous apprendront à juger si celui qui les a écrites méritait un pareil apothéose.

Je me bornerai à deux faits seulement : l'un est la bataille de Rosbach, remportée en 1757 par le *grand* Frédéric ; l'autre est le partage de la Pologne, consommé au mépris et contre les intérêts de la France par ce même *grand* Frédéric et par sa digne sœur et cousine, Catherine la *grande*.

Rosbach nous rappelle Waterloo. L'attaque fut vive, la terreur inexplicable, la déroute sanglante; et l'on sait que cette victoire remportée sur la France enorgueillit à un tel point les ennemis, qu'une colonne fut élevée dans les plaines de Rosbach, comme celle qui domine les champs de Waterloo.

Mais à Waterloo, la lutte était politique autant que militaire. Et cependant un seul Français, parmi ceux à qui les événements profitèrent, quels que fussent son rang, son opinion, ses espérances ou ses vœux, a-t-il jamais écrit à l'un des vainqueurs de Waterloo en ces termes :

« Toutes les fois que j'écris à Votre Majesté sur une affaire un peu sérieuse, je tremble comme nos régiments à Rosbach. » (Lettre au roi de Prusse, 28 mars 1775).

Ou encore :

« Vous apprendrez aux *Welches* (les Français) à détester le fanatisme, comme vous leur avez appris le métier de la guerre, *si tant est qu'ils l'aient appris.* » (17 novembre 1774).

Ou enfin :

« Vous souvenez-vous d'une pièce *charmante* que vous *daignâtes* m'envoyer il y a plus de quinze ans (peu après Rosbach), dans laquelle vous peigniez si bien

Ce peuple sot et volage,
Aussi vaillant au pillage
QUE LACHE DANS LES COMBATS.

Dans toute sa correspondance, Voltaire ne parle pas autrement. Le valet est toujours aux pieds de ce maître avec lequel il finira par se brouiller, et qu'il traitera presque aussi mal que s'il était un de ses compatriotes.

Voltaire est aux pieds de son Frédéric, reniant la France aussi volontiers qu'il renie Dieu, et sacrifiant à tout propos les *Welches* au héros de Rosbach. Qu'on nous pardonne le langage de ces citations, dans lesquelles la bassesse du style vaut la bassesse du cœur.

Héros du Nord, je savais bien
Que vous aviez vu les derrières
Des guerriers du roi très chrétien,
A qui vous taillez des croupières.
Mais que vos rimes familières
Immortalisent les beaux.....
De ceux que vous avez vaincus
Ce sont des faveurs singulières.
Nos blancs-poudrés sont convaincus,
De tout ce que vous savez faire.

Frédéric lui envoie son portrait. Voltaire répond :

« Il n'y a point de Welche qui ne tremble en voyant ce portrait. C'est précisément ce que je voulais.

Tout Welche qui vous examine
De terreur panique est atteint,
Et dit en voyant votre mine,
Que dans Rosbach on vous a peint.

Il recommande à Frédéric un gentilhomme français condamné par les juges de son pays :

« .... Je me jette à vos pieds avec Morival les gens qui sont aujourd'hui les maîtres du royaume des Welches lui donneront sa grâce; mais nos belles lois exigent.... qu'on se mette à genoux devant le Parlement..... Morival est un garçon pétri d'honneur, il trouve qu'il y aurait de l'infamie à paraître à genoux avec l'uniforme d'un officier prussien devant les robins. Il dit que cet *uniforme ne doit servir qu*'A FAIRE METTRE A GENOUX LES WELCHES. C'est à peu près ce qu'il mande à votre ministre à Paris. J'approuve un tel sentiment, tout Welche que je suis.

« ... Tandis que Votre Majesté fait probablement manœuvrer trente à quarante mille guerriers, je crois ne pouvoir mieux prendre mon temps pour lui présenter la bataille de Rosbach, dessinée par M. d'Etallonde. *Il brûle d'envie de se trouver à une pareille bataille...* Il ne veut plus d'aucune grâce en France. *Il en était déjà bien dégoûté! Vos dernières bontés ferment son cœur à* TOUT AUTRE OBJET QUE CELUI DE MOURIR PRUSSIEN. » (Mai 1775).

Et que dit-il ailleurs à son roi sur la politique, les finances, la force militaire de la France?

« Je ne vois pas que nos Welches veuillent faire parler d'eux. Il faut avoir beaucoup d'argent comptant à perdre actuellement pour s'amuser à ravager le monde, et ce n'est pas le cas de ces messieurs..... Vous connaissez parfaitement le pays welche, ses banqueroutes passées, et ses banqueroutes présentes et futures. » (21 janvier 1775).

« ..... Vous savez que ce peuple de Welches a maintenant pour son végèce un de vos officiers subalternes, dont on dit que vous faisiez peu de cas, et qui change toute la tactique de France, de sorte que l'on ne sait plus où l'on en est. » (.... 1774).

« ..... Je serais étonné si la France attaquait aujourd'hui les Anglais sur mer, comme je serais surpris si notre puissance ou *impuissance* osait attaquer Votre Majesté sans avoir discipliné ses troupes pendant vingt années. » (Avril 1777).

Voilà comment le philosophe de Ferney faisait les honneurs de son pays au vainqueur de Rosbach.

Voulez-vous le voir maintenant aux pieds de la *grande* Catherine ?

On sait quelles iniquités s'accomplissaient au nord de l'Europe, la douloureuse agonie de la Pologne ; l'élection de Poniatowski, imposée par Catherine ; les soldats russes dominant la diète, et enlevant ses membres dans Varsovie pour les mener expier au fond de la Sibérie leur patriotisme et leur courage. On sait enfin ce traité froidement exécuté sans ombre de droit, sans un motif autre que l'ambition, et par lequel les trois puissances se partageaient le territoire d'un état libre, reconnu par elles toutes, et dont Catherine, peu d'années auparavant, avait garanti l'inviolabilité et l'indépendance. On sait tout cela, et ce partage de la Pologne est resté dans le souvenir de toutes les générations comme une des plus odieuses iniquités du monde politique.

Il faudrait vous dire maintenant les cris de joie, les élans d'admiration que ce triomphe de la force inspire au philosophe. Son Frédéric et sa *grande* Catherine ont tout fait. Tout pourrait-il ne pas être sublime !

« On prétend que c'est vous, Sire, qui avez imaginé le partage de la Pologne. Je le crois, parce qu'il y a là du génie, et que le traité s'est fait à Postdam. » (Au roi de Prusse, 18 novembre 1773). Et ailleurs : « C'est donc dans le Nord que tous les arts fleurissent aujourd'hui ! C'est là qu'on fait les plus belles écuelles de porcelaine, qu'on partage des provinces d'un trait de plume qu'on dissipe des Confédérations et des Sénats en deux jours, et qu'on se moque surtout très plaisamment des confédérés et de leur Notre-Dame. »

Il faut citer et ne faire que citer : les commentaires sont inutiles. Quelques Français avaient été porter secours à la Pologne :

« Nos extravagants de chevaliers errants, qui ont couru sans mission vers la zône glaciale, combattre pour combattre pour le *liberum veto*, méritent assurément toute votre indignation... Nos Don Quichotte Welches ne peuvent se reprocher ni bassesse ni fanatisme ; ils ont été très mal instruits, très imprudents et très injustes... Mon héroïne prenait dès ce temps-là même un parti plus noble et plus utile, celui de détruire l'anarchie en Pologne, en rendant à chacun ce que chacun *croit lui appartenir*, *et en commençant par elle-même* (A Catherine, 29 mai 1772).

« J'ai bien un autre chagrin, c'est que mes compatriotes soient dans Cracovie, au lieu d'être à Paris. Je ne peux pas dire que je souhaite qu'ils vous soient présentés avec le grand visir par quelques-uns de vos officiers : cela ne serait pas honnête, et on dit qu'il faut être bon citoyen. J'attends le dénouement de cette affaire et celui de la pièce que l'on joue actuellement en Danemarck. (Voltaire à Catherine, 12 mars 1772).

« Tandis qu'un de nos Français entrait, dit-on, comme un blaireau dans Cracovie, je mets à vos pieds mes respects et mes chagrins. Ces chagrins sont que des gens de ma nation s'avisent d'aller combattre chez les Sarmates contre un roi légitimement élu, plein de vertu, de sagesse et de bonté, avec lequel ils n'ont rien à démêler ; le Congrès ne les connaît pas. Cela me paraît le comble de l'absurdité, du ridicule et de l'injustice. (A Catherine, 6 mars 1772).

« Une autre peste est celle des confédérés de la Pologne ; je me flatte que V. M. Impériale les guérira de leur maladie contagieuse. Nos chevaliers welches qui ont été porter leur inquiétude et leur curiosité chez les Sarmates, doivent mourir de faim, s'ils ne meurent pas du charbon. Voilà une plaisante croisade qu'ils ont voulu faire. Cela ne servira pas à faire valoir la prudence et la galanterie de ma chère nation. » (A Catherine, 1er janvier 1772).

D'Alembert avait la simplicité de réclamer au nom de la *philosophie* qui a horreur du sang, ces prisonniers Français. (Lettre de l'Impératrice, 11 novembre 1773). Voltaire eût moins de scrupules, il demande pour eux tout simplement la Sibérie.

« Si ces fous de confédérés étaient des êtres capables de raison, vous les auriez persuadés, vous les auriez ramenés au droit sens; mais je sais un remède qui les guérira. J'en ai un aussi pour les petits maîtres sans aveu qui abandonnent Paris pour venir servir de précepteurs à des brigands. *Ce dernier remède vient en Sibérie : ils le prendront sur les lieux.* » (A l'Impératrice, 19-30 mars 1772).

Le crime sans doute était irrémissible d'avoir pris parti contre les oppresseurs de la Pologne, d'avoir, comme plus tard M. de Lafayette, quitté sa famille et son pays pour aller, simple soldat, porter secours à un peuple que trois puissances accablaient, pour être allé dans le Nord défendre les intérêts mêmes de la France, quand le pouvoir qui gouvernait la France les trahissait par son impuissance, son assoupissement et son égoïsme.

Et ce pouvoir même n'était pas encore, aux yeux de Voltaire, assez complaisant pour son héroïne. Le pouvoir avait l'indignité de ne point laisser circuler en France les œuvres de Catherine. Il n'avait fait appel, contre les co-partageants de la Pologne, ni à ses diplomates, ni à ses soldats : mais il permettait à un censeur royal de mettre son *veto* sur les rêveries politique de Catherine, niaiseries philantropiques, auxquelles s'amusait la doucereuse conquérante de la Pologne et l'aimable veuve de Pierre III.

« J'avais lu ..... que dans une contrée dee l'Occident, appelée le pays des Welc hes, gouvernement avait défendu l'ent rée du meilleur livre et du plus respe ctable que nous ayons; qu'en un mot il n'éta it pas permis de faire passer à la douane des pensées l'instrûction sublime et sage signée Cathe rine ; je ne pouvais le croire... O n donne le livre à examiner à un cuistre, cense ur des livres, *comme si c'était un livre ordinaire*, comme si un polisson *de Paris* ét ait j uge *de ordres* d'une souveraine, et de quelle souveraine! Ce maroufle imbécile trouve des pro positions téméraires, malsonnantes, offensives à une oreille welche ; il le déclare à la chancellerie comme un livre dangereux, comme un livre de philosophie ; on le renvoie en Hollande sans autre examen.

« Et je suis encore chez les Welches! Et je respire leur atmosphère ! et il faut que je parle leur langue ! Non, on n'aurait pas commis cette insolence imbécile dans l'empire de Moustapha, et je suis persuadé que

Kin-Fong ferait mandarin du premier degré le lettré qui traduirait votre instruction en bon chinois.

« ..... Sont-ce donc ces maximes divines que les Welches n'ont pas voulu recevoir? Ils méritent... Ils méritent.... Ils méritent... tout ce qu'ils ont. » (Juillet 1771).

« Et cependant cette reine philosophe, cette législatrice amie du genre humain, dont les maximes de justice et d'humanité lui paraissaient si divines, qui était si douce dans ses Codes, si humaine dans sa philosophie, si juste sur le papier, Voltaire la connaissait bien; il savait les crimes de cette Sémiramis, il n'avait pas oublié le meurtre de Pierre III.

« Ma bonne amie de Russie, écrit-il quelque part, vient de faire imprimer un grand manifeste sur l'*aventure* du prince Iwan, qui était en effet, comme elle le dit, une espèce de bête féroce. « Il vaut mieux, dit le proverbe, tuer le diable, que le diable nous tue. » Si les princes prenaient des devises comme autrefois, il me semble que celle-là devrait être la sienne. Cependant *il est peu fâcheux* d'être obligé de se défaire de tant de gens, et d'imprimer ensuite qu'on en est bien fâché, mais que ce n'est pas sa faute. Il ne faut pas faire *trop souvent* de ces sortes d'excuses au public. Je conviens avec vous que la philosophie ne doit pas trop se vanter de pareils élèves. Mais que voulez-vous? Il faut aimer ses amis *avec leurs défauts.* »

Et il aimait tellement Catherine avec ses défauts, il les lui pardonnait si bien en faveur de sa philantrophie, qu'elle avait si bien témoignée dans les *aventures* de sa famille et de sa *tolérance* qui l'avait menée à envahir la Pologne, que vous allez voir comment il traîne sa patrie aux pieds de cette Messaline du Nord, méprisable par ses débauches aussi bien que détestable par ses crimes.

La France, il est vrai, était bien coupable; elle avait osé combattre encore contre Frédéric après la bataille de Rosbach; elle n'avait pas tout de suite baisé les genoux de son vainqueur ; elle avait murmuré (bien bas cependant) contre le partage de la Pologne ; elle avait laissé aller quelques-uns des siens à son secours, au risque des balles et de la Sibérie ; et enfin, elle osait censurer les œuvres immortelles et le français un peu russe de *Sémiramis Ce'eau.*

Ainsi, voyez comment la pauvre France, abaissée, il faut en convenir, par la mollesse, par la corruption de ses mœurs, et plus encore peut-être par les tristes succès de ses philosophes, est raillée, avilie, rabaissée de toute façon devant la grande, la glorieuse, la triomphante Catherine. Oui, sans doute, cet abaissement de la France n'avait été que trop réel, grâce surtout à deux protecteurs de la philosophie, le Régent et Mme de Pompadour. Mais combien de ressources encore, combien de nobles traditions, que de caractères élevés, quels sentiments d'honneur dans la noblesse, de religion chez le peuple, demeuraient encore dans cette nation contre laquelle ses gouvernants semblaient travailler de gaieté de cœur. Ce qu'un Français pouvait penser avec douleur, devait-il le dire à une étrangère et à une reine ? Etait-ce au fils à révéler la honte de sa mère ?

Il faut citer ici la lettre tout entière :

« Madame, est-il bien vrai, suis-je assez heureux pour qu'on ne m'ait pas trompé ? Quinze mille Turcs tués ou faits prisonniers auprès du Danube, et cela dans le même temps que les troupes de Votre Majesté impériale entre dans Percéop ! Cette nouvelle vient de Vienne. Puis-je y compter ? mon bonheur est-il certain ?

« Je veux aussi, madame, vous vanter les exploits de ma patrie. Nous avons depuis quelque temps une danseuse excellente à l'Opéra de Paris. On dit qu'elle a de très beaux bras. Le dernier opéra-comique n'a pas eu un grand succès ; mais on en prépare un qui fera l'admiration de l'univers ; il sera exécuté dans la première ville de l'univers, par les premiers acteurs de l'univers.

« Notre controleur-général, qui n'a pas l'argent de l'univers dans ses coffres, fait des opérations qui lui attirent des remontrances et des malédictions.

« Notre flotte se prépare à voguer de Paris à Saint-Cloud.

« Nous avons un régiment dont on a fait la revue; les politiques en présagent un grand évènement.

« On prétend qu'on a vu un détachement de Jésuites vers Avignon, mais qu'il a été dissipé par un corps de Jansénistes qui était fort supérieur; il n'y a eu personne de tué, mais on dit qu'il y aura plus de quatre convulsionnaires d'excommuniés.

« Je ne manquerai pas, madame, si Votre Majesté impériale le juge à propos, de lui rendre compte de la suite de ces grandes révolutions.

« Pendant que nous faisions des choses si mémorables, Votre Majesté s'amuse à prendre des provinces en terre ferme, à dominer sur la mer de l'Archipel et sur la mer Noire, à battre des armées turques. Voilà ce que c'est que de n'avoir rien à faire, et de n'avoir qu'un petit Etat à gouverner. » (*Lettre à l'Impératrice*, 7 *août* 1771).

Il ne restait plus qu'une chose, c'était d'abdiquer cette patrie, si humiliante, si humiliée ; de renoncer une fois pour toutes au nom de Français ; de protester contre ce sang welche qui coulait malheureusement dans vos veines.

« Madame, il est vrai que je ne suis qu'à un mille de la frontière des Welches, mais je ne veux pas mourir parmi eux ; ce dernier coup me conduira sous le climat tempéré de Taganrok. »

« Daignez observer, madame, que je ne suis point Welche ; je suis Suisse, et si j'étais jeune, *je me ferais Russe.* » (18 octobre 1774).

Il se ravise plus tard, et signe : Votre vieux Russe de Ferney. (9 avril 1774).

« J'ignore absolument en quels termes est actuellement votre empire avec le petit pays des Welches, qui prétendent toujours être Français ; pour moi, j'ai l'honneur d'être un vieux Suisse *que vous avez naturalisé votre sujet*.

Et Catherine lui répond : *Je sais que vous êtes bon Russe.* »

Voilà donc un de nos grands hommes ; et pour cet homme, un beau jour, un jour d'étrange folie, nous nous sommes, nous tous tant que nous étions, hommes et femmes, bourgeois et soldats, princes, magistrats, députés, sages et fous, riches et pauvres, sots et gens d'esprit, nous nous sommes déguisés en grands prêtres, en vestales, en déesse raison, en sénateurs romains ; et cette mascarade est allée prendre au cimetière les restes pourris de ce dieu, elle les a hissés sur un brancard, elle les a surmontés d'une figure en cire qui représentait le dieu ; et elle a amené tout cela, par une pluie battante, et dans la crotte, au Panthéon. Et sur le fronton du temple elle a écrit jusqu'à deux fois : *Aux grands hommes la patrie reconnaissante.*

En vérité, nous n'en avons pas assez fait. Non, il faut mieux que cela. Ce n'est pas en France, dans ce petit pays où il n'aurait voulu ni vivre ni mourir, qu'un monument doit s'élever à la gloire d'un tel génie. Je voudrais que la *Welcherie reconnaissante* obtînt du successeur de Frédéric la permission de relever elle-même cette colonne de Rosbach, qu'elle a eu l'impertinence de jeter à bas, et d'en faire un monument pour son grand écrivain. Elle expierait ainsi les audacieuses revanches qu'elle a osé prendre à Iéna et à Friedland. Elle associerait Voltaire à Frédéric, le courtisan à son roi, et mettrait ensemble ces deux grands charlatans, qui jusqu'au jour où ils sont devenus ennemis mortels, se sont encensés l'un l'autre pour que le monde les encensât. Il serait bon aussi de ne pas oublier tout à fait Catherine, et d'ajouter une inscription en son honneur ; ne serait-ce que pour expier les torts de nos historiens, qui ont méconnu son humanité, sa charité, son innocence, et pour faire oublier certaines marques d'une irrévérentieuse sympathie que nous nous sommes permis de donner à la Pologne. Voltaire figurerait là entre son ami de Prusse et *sa bonne amie de Russie*, entre cette *autocratrice*, qu'il a aimée *malgré ses défauts*, et ce roi que, *malgré tant de vertus*, il a fini par haïr.

II

A la suite de ce relevé des preuves du patriotisme de Voltaire, voici un fait qui nous paraît intéressant.

Après quelques lettres peu respectueuses du *grand* écrivain au *grand* Frédéric, un aide de camp se présente chez lui : « Monsieur, lui dit-il, j'ai à vous annoncer une nouvelle désagréable pour vous et pour moi, le grand Frédéric mon maître m'a chargé de vous donner vingt-cinq coups de shlague et de tirer un reçu; pour le reçu soit, dit le philosophe, je vous le délivre, mais vous pouvez me faire grâce du reste, et il donna le reçu.

Bien, dit l'aide de camp, il faut réellement recevoir, et il força le philosophe à plier sous le baton justicier du monarque.

CONTRASTE

Les héroïnes et patriotes françaises qui n'ont pas eu les honneurs du Panthéon.

Lettre de Jeanne d'Arc.

« A mes chers et bons amis, les gens d'église, bourgeois et habitants de la ville de Riom. Mes chers et bons amis, vous savez bien comment la ville de Moutiers a été prise d'assaut (et à l'aide de Dieu, ai intention de faire vider les autres places qui sont contraires au roi) mais pour ce grand despense de pouldre, traits et autres habillements de guerre, a été fait devant ladite ville et que petitement les seigneurs qui sont en cette ville et moi en sommes pourvus pour aller mettre le siége devant la Charité, où nous allons prestement, je vous prie surtout que vous aimez le bien et l'honneur du roi et aussi de tous les autres de par de çà, que veuillez incontinent envoyer et aider par ledit siége, de pouldre, de salpestre, souffre, traits, albalestres fortes, et habillements de guerre, la chose ne longue et que on ne puisse dire en cellestes négligents ou refusant... Chers et bons amis, notre Seigneur soit garde de vous. — Escrit de Moulins, le 9e jour de novembre.

« JEANNE. »

Cette lettre, communiquée à l'Académie des sciences morales et politiques par M. Berriat-Saint-Prix, fixe plusieurs points historiques d'une grande importance.

—

Mlle Philis de la Charce de la Tour-du-Pin.

La petite ville de Nyons (Drome) élève en ce moment, dans son église pontificale, un monument à Mlle Philis de la Tour-du-Pin de la Charce, dont Louis XIV avait ordonné que l'écusson, le portrait et les armes fussent placés au trésor de Saint-Denis, auprès de celles de Jeanne d'Arc, avec cette inscription : *Philis de la Charce de la Tour-du-Pin, en Dauphiné.* En 1692, lorsque le duc de Savoie envahit le Dauphiné à la tête d'une armée considérable, qui commit les plus grandes cruautés, Philis monta à cheval, rassembla les vassaux de son père, les habitants des pays voisins, se mit à leur tête, fit couper les ponts garda les passages, battit l'ennemi en plusieurs rencontres, enfin prêta le plus grand appui au maréchal de Catinat. Louis XIV, en récompense de tant de dévouement, accorda à Mlle de la Charce une pension de 2,000 fr., comme à un brave officier. Philis mourut en 1703, et fut enterrée dans l'église de Nyons, où se trouve le tombeau de ses aïeux. C'est sur cette tombe que la ville va élever ce monument.

Jeanne Hachette.

La ville de Beauvais songe à élever un monument à son héroïne, Jeanne Hachette, cette autre Jeanne qui comme l'héroïne de Vaucouleurs se signala contre les Anglais.

FIN

EUGÈNE SUE

ET LE JUIF ERRANT,

A LA RECHERCHE DES HORREURS SOCIALES.

Police secrète d'Eugène Sue, les Associations, Congrégations, Sociétés secrètes, les Voleurs, Assassins, Amours mystérieuses d'Eugène Sue, etc., etc.

Par **MARANCOURT,**

Un joli volume in-18, illustré de 70 belles gravures.
Prix : 1 fr.; par la poste : 1 fr. 40.

HISTOIRE

DU JUIF ERRANT

OU

E. SUE ET LES JÉSUITES DÉVOILÉS.

Prix : 20 cent.

www.ingramcontent.com/pod-product-compliance
Ingram Content Group UK Ltd.
Pitfield, Milton Keynes, MK11 3LW, UK
UKHW020403250726
13967UKWH00005B/2447

9 782013 048903